Benetton Blake

Tantos Gate

Savaged Breed

IMPRESSUM

Bibliografische Information der Deutschen Nationalbibliothek:
Die Deutsche Nationalbibliothek verzeichnet diese Publikation in der Deutschen Nationalbibliografie; detaillierte bibliografische Daten sind im Internet über http://dnb.dnb.de abrufbar.

Benetton Blake
c/o Block Services
Stuttgarter Str. 106
70736 Fellbach

https://www.benettonblake.com
info@benettonblake.com

https://www.facebook.com/benettonblake

ISBN: 978 3 7546 2462 3

Herstellung und Druck über tolino media GmbH & Co. KG,
Albrechtstr. 14, 80636 München. Printed in Germany.
Fragen zu Produktsicherheit an: gpsr@tolino.media.

Tiffany

Benetton Blake

Savaged Breed - Geschichten 02

https://www.savagedbreed.com

INHALT

DANKSAGUNG

Allen, die meine Geschichten mochten.
Allen, denen sie auch in Zukunft gefallen.

ZUR INSEL

Verträumt blickte die junge Frau über die Reling in die seichten Wellen, als das Boot an diesem sonnigen Morgen vom Anleger losmachte und in Richtung der Ausgrabungsinsel aufbrach.

Ella Bodea war erst seit kurzem im Team der Siedler-Hilfskräfte bei Theten Technologies. Jedes Mal, wenn sie nach dem Wochenende wieder auf die Insel zurückkehrte, war es noch immer dasselbe Gefühl wie zu Beginn.

Leider hatte sie erst vor kurzem erfahren, dass Theten die Ausgrabungsstätte schließen würde, und das schon so bald. Angeblich bereits im Verlauf dieser Woche. Aber was erfuhr man als einfacher Hilfsarbeiter schon von den Plänen der Megakonzerne.

„Ich werde das wirklich vermissen."

Als sie sich umdrehte, stand Efrem Mantonelli, einer ihrer Hilfsarbeiter-Kollegen neben ihr.

„Ich habe gehört, die wollen die Ausgrabung schließen."

Bodea blickte wieder über das Wasser.

„Das habe ich auch gehört, aber warum sagt man uns das dann nicht offiziell? Ich meine, das macht doch keinen Sinn, besonders, wenn es schon so bald passieren soll."

Beide schwiegen, während das Wasser mit sanftem platschen an die Bordwand des Schiffes schwappte.

„Eventuell ist es ja auch nur ein Gerücht."

Mantonelli wandte sich um und ging zu einer Gruppe, die weiter hinten um einen kleinen Tisch saß und Spielkarten austeilte.

„Ja, hoffentlich."

Sie hatte lange auf eine Gelegenheit gewartet den Planeten verlassen zu können, aber das war bei weitem nicht so einfach, wie man vermuten mochte. In den Kolonie-Städten gab es keine Chance, ohne Beziehungen, an Jobs zu kommen, die einem den passenden Status verliehen. New Haven war für die meisten Kolonisten der Anlaufpunkt, da sich dort der einzige Raumhafen auf Tantos V befand, doch endeten sie meist in Bedrock, wenn sie Glück hatten in der City, wenn sie Pech hatten darunter. Sie wollte niemals die untersten Ebenen dort kennen lernen.

Der Job als Hilfsarbeiter bei Theten war ein Segen. Wenn sie sich anstrengte, könnte sie evtl. von einem der Wissenschaftler als Assistent ausgewählt werden und dann, sollte eine Anstellung bei Theten folgen, den Planeten verlassen, sobald ihr Beruf sie woanders hinführen würde.

Wenn die Ausgrabung allerdings geschlossen würde, dann hieße das, zurück zu ihren Eltern. Aushilfsjobs in allem, was die kleine Insel Uzuri zu bieten hat. Von wegen Schönheit. Nichts als karges Land, Kakteen und Erzminen.

Sie atmete durch, lehnte sich mit dem Rücken an die Reling und betrachtete die Gruppe am Kartentisch. Vielleicht hatte sie wenigstens hier etwas Glück.

AUF DER INSEL

„Du hast sie wieder ausgenommen, oder?“

Richard Creston, der Vorarbeiter der Kolonisten-Teams, stand grinsend in der Tür der Unterkunft.

„Nicht so sehr wie sonst“, Bodea nahm soeben die letzten Ausrüstungsteile aus ihrem Spind, „ich glaube, sie wollen nicht mehr gegen mich spielen.“

„Kein Wunder, so viel Glück ist doch nicht normal.“

Er trat einen Schritt zurück, um sie durch die Tür zu lassen.

„Ich wäre vorsichtig. Ein paar der Arbeiter sind abergläubisch. Die denken noch, sie sein verflucht. Oder schlimmer noch, du seist es.“

Jetzt grinste auch Bodea.

„Solange mir das einen Vorteil in der Essensschlange einbringt, solls mir recht sein.“

Sie ging an ihm vorbei und die beiden begaben sich zum Barackenausgang.

Die Ausgrabungsstätte selbst lag unter der Oberfläche und war ausschließlich über einen, in einen der drei großen Felsen eingelassenen, Zugang betretbar. Dahinter lag ein Geflecht aus Tunneln und Schächten, die bis Tief in den Untergrund der Insel reichten. Manchmal hatte Ella den Eindruck, sie würden ein gutes

Stück unter das Meer heraus reichen. Der Großteil dieser Gänge war alt. So alt, dass sie sich nicht vorstellen konnte, dass zu dieser Zeit mehr als nur primitive Völker existiert haben sollten. Die oberen Ebenen waren jedoch fast vollständig von Theten Technologies angelegt worden. Hier befanden sich die Labore, die Arbeits- und die Aufenthaltsräume sowie Lager und technische Einrichtungen. Weiter unten waren lediglich einzelne Räume zu den vorhandenen Tunnel- und Kammersystemen hinzugefügt worden.

Die meiste Zeit bestand Bodeas Arbeit daraus, Kisten oder Gerätschaften aus dem Lager in die Arbeitsräume oder Labore zu transportieren, Artefakte zu katalogisieren oder Fracht, für gewöhnlich Versorgungsgüter, manchmal auch neue Geräte, von den ankommenden Schiffen in die entsprechenden Lager zu bringen.

In letzter Zeit war sie jedoch bereits dreimal auf die unteren Ebenen gerufen worden. Ein Mal sogar in die Portalhalle, das Herzstück der gesamten Ausgrabung. Es war unglaublich. Diese riesige Halle, so tief im Inneren eines massiven Felsens zu sehen hatte ihr die Sprache verschlagen. Dr. Brasson, der sie für den Transport großer Container, auf denen lediglich MK4TS geschrieben stand, benötigt hatte, betrachtete sie lächelnd, während sie, unfähig zu sprechen, die enormen Ausmaße der Örtlichkeit bewunderte. Geduldig hatte er ihr vieles erklärt, doch einige Dinge wollte oder durfte er ihr offenbar nicht verraten. Was es mit den Containern, die sie in der Halle, im Halbkreis um den Portalring aufstellen sollte, auf sich hatte, das wusste sie nach der Durchführung ihres Auftrages so wenig wie zuvor.

Beim Mittagessen, in der Arbeiterkantine, saß Creston ihr gegenüber und beugte sich verschwörerisch über den Tisch zu ihr.

„Ich habe gehört, Dr. Haruna soll in Kürze einen Assistenten bekommen."

Bodeas Augen weiteten sich. Kaum merklich, aber er sah es ganz deutlich.

„Ich habe vor dich zu empfehlen, wenn sie mich fragen sollten. Es sei denn, du hast etwas dagegen.“

„Denkst du denn, sie nehmen einen von uns?“

Irgendwie zweifelte sie daran, dass ein einfacher Hilfsarbeiter, ohne weitere Bildung, zum Assistenten gemacht werden würde. Sie konnte nicht glauben, dass sie solches Glück haben sollte.

„Warum denn nicht?“, er deutete mit seiner Gabel auf sie, während er mit vollem Mund weiter sprach, „sie haben dich doch bereits ein paar Mal für Aufgaben herangezogen, die sie nicht jedem hier anvertrauen würden. Aus welchem Grund also nicht das Ausbauen was sie schon haben, statt jemanden zu holen, der sich erst einarbeiten muss?“

Das machte tatsächlich Sinn. Nicht alle Hilfsarbeiter durften die unteren Ebenen betreten. Manche, die schon viel länger als sie auf der Insel arbeiteten, hatten sie noch nie betreten und würden es wohl auch kein einziges Mal tun.

Sie beschloss, nicht zu gefährden, was sie hatte, das hieß, sich ruhig zu verhalten und, wie gewohnt, weiter zu arbeiten. Die Aufregung über diese Mitteilung ließ sie dennoch nicht mehr los. Vielleicht hatte sie ihr Ziel erreicht. Vielleicht war das ihre große Chance.

Der Rest des Arbeitstages verflog, ohne dass sie ihn wirklich wahrnahm, und in der Nacht tat sie kaum ein Auge zu. Zu groß war die Aufregung und der Gedanke, an all die Möglichkeiten, die sich ihr nun bieten konnten.

ÜBERRASCHENDER BESUCH

Am nächsten Tag hatte sie in den oberen Arbeitsräumen zu tun. Viele der Artefakte sollten in langstreckentaugliche Transportkisten verpackt werden. Das war an sich nichts Besonderes. Immer wieder wurden Funde von hier zu anderen Theten Einrichtungen verschickt, vor allem, da hier in letzter Zeit viel mehr gefunden wurde, als die Wissenschaftler vor Ort bewältigen konnten.

Bodea hatte schon den ganzen Vormittag und in der Mittagspause nach Dr. Haruna Ausschau gehalten. Sie hoffte, wenigstens einen Hinweis darauf zu erhaschen, ob an dem Gerücht über den Assistentenjob etwas dran war. Leider hatte sie erfahren, dass sie bereits am Vorabend nach Blue Horizon aufgebrochen war.

„Unangemeldeter Gleiter im Anflug. Dr. Ross, bitte zum primären Zugang."

Die Meldung über das Interkom war durchaus ungewöhnlich. Besucher der Insel meldeten sich weit im Voraus an. Aber selbst das kam nur selten vor. Meist wurde hier in aller Abgeschiedenheit, die diese Insel auf natürliche Weise bot, geforscht und gegraben. So wurde es den Hilfsarbeitern an ihrem ersten Tag gesagt und so hatte Bodea es bisher auch erlebt.

Einige Minuten vergingen, nachdem Dr. Ross durch den Raum geeilt war und sich zum Zugangsportal, dass sich lediglich einige Meter den Gang herunter befand, begab.

„Wie kamen sie darauf, diese Information geheim zu halten, Doktor? Ein Runenportal, besonders eines mit unklarem Status, kann sich als ernsthaftes Sicherheitsrisiko entpuppen."

Der Soldat wirkte verärgert, als er mit Dr. Ross und Dr. Haruna den Raum betrat.

„Es gibt nur zwei verlässliche Möglichkeiten. Kapselung und Extraktion oder Eliminierung."

„Verlassen sie den Raum", Dr. Ross wandte sich an die anwesenden Mit- und Hilfsarbeiter, „sie können in Kürze an ihre Arbeit zurückkehren."

Er drehte sich zu Dr. Haruna.

„Das gilt auch für sie. Packen sie ihre Sachen."

Kurz blickte ihm Haruna in die Augen. Sie wirkte, als wolle sie etwas erwidern, doch dann verließ sie zügig und wortlos den Raum.

„Was hatte das denn zu bedeuten?"

Die Arbeiter hatten sich in dem Aufenthaltsraum, gleich nebenan, versammelt.

„Wer war das und was meinte er mit Sicherheitsrisiko?"

Bodea achtete nicht auf ihre Kollegen und versuchte Haruna, die scheinbar zu einem der Labore, eine Ebene tiefer eilte, zu erreichen. Tausend Gedanken rasten durch ihren Kopf. Dr. Ross schien nicht glücklich zu sein. Natürlich nicht, so wie dieser Soldat mit ihm sprach. Hatte das etwas mit Dr. Haruna zu tun, war sie gerade entlassen worden?

„Ist alles in Ordnung?", sie erreichte die Wissenschaftlerin, als diese die Tür zu ihrem Labor aufschloss.

Dr. Haruna sah sie einen Moment lang verwirrt an, dann schien sie sie zu erkennen.

„Natürlich. Sie sind Bodea, richtig?"

„Ella, ja. Ich", sie überlegte kurz, entschloss sich dann aber, ins kalte Wasser zu springen, „ich habe gehört, sie suchen evtl. einen Assistenten? Oder eine Assistentin?"

„Ich", wieder wirkte Haruna etwas verwirrt, „ich weiß nicht so recht, wo sie das gehört haben, aber ich plane seit einer Weile die Insel zu verlassen."

Sie sah die Enttäuschung in Bodeas Gesicht.

„Es tut mir wirklich leid, jedoch war und bin ich, zu meinem Bedauern, nicht auf Assistentensuche. Ich fürchte, da sind sie falsch informiert worden."

Sie legte die Hand auf ihre Schulter.

„Ihre Leistungen sind durchaus nicht unbemerkt geblieben, ich bin sicher, man wird ihnen eine höhere Position anbieten. Dr. Brasson, hat sich schon des Öfteren lobend über sie geäußert. Soweit mir bekannt, hat er sie bereits mehrfach namentlich angefordert, als es um Aufgaben ging, die er für seine Arbeiten benötigte. Und einen Assistenten hat auch er nicht, obwohl er eine zentrale Rolle in dieser Fundstätte ausübt. Eventuell sollten sie sich bei ihm nach einer Möglichkeit zur Assistenz informieren."

„Sind sie entlassen worden?"

Die Frage kam so überraschend, dass Haruna einen Moment nicht wusste, was sie sagen sollte, doch dann lächelte sie.

„Entlassen? Nein, Dr. Ross kann niemanden hier entlassen. Er mag zwar der Direktor von Blue Horizon sein, aber angestellt sind die Wissenschaftler hier bei Theten, nicht bei ihm."

Sie fing an, diverse Ausrüstungsgegenstände und Unterlagen in ihre Tasche zu packen.

„Er ist sauer, dass er sich nicht vor unseren Besuchern verstecken konnte, deshalb wirft er mich von dieser Insel, aber das ist auch alles. Ihm ist gar nicht klar, dass ich ohnehin gehen wollte."

„Und was sind das für Besucher?"

„Das sind zwei TVF Soldaten, die gekommen sind um die Evakuierung der Blue Horizon Einrichtung zu überwachen und abzuschließen. Dr. Ross hat vor, mit ein paar Forschern hierzubleiben, daher wollte er auch unbemerkt bleiben. Ich bin gespannt, wie er das dem Major gegenüber durchsetzen will."

„Und sie wollen nicht bleiben?"

Haruna blickte in Bodeas fragende, geradezu flehende Augen.

„Ich fürchte nein, nicht auf dieser Insel. Ich muss meiner Schwester und meinem Bruder in New Haven helfen und dann, so schnell ich kann, mit ihnen gemeinsam weg von diesem Planeten."

„Und ich vermute, dabei kann ich ihnen nicht helfen?"

Bodea ließ traurig den Kopf hängen.

„Ich habe nicht die Absicht, andere Leben in Gefahr zu bringen", Haruna schulterte ihre Tasche und verließ das Labor, „Ich denke, hier sind sie besser aufgehoben. Und dieser Job für Brasson kann eine echte Chance für sie sein. Das sollten sie sich nicht entgehen lassen."

Die Tür fiel ins Schloss und Bodea blieb ein paar Minuten allein im Labor. Sie dachte über das Gesagte nach und kehrte dann zu ihren Kollegen, eine Ebene höher, zurück.

„Generatoren fahren hoch, Puffer bei dreißig Prozent."

Dr. Brassons Stimme erklang in dem Moment aus der Lautsprecheranlage, als Sie die Tür zum Aufenthaltsraum öffnete.

„Sechzig Prozent."

Die Lichter der Anlage begannen zu flackern.

„Achtzig Prozent."

Eine leichte Vibration ließ den Raum erzittern.

„Neunzig."

Ein kurzes Zischen, dann war es für eine Sekunde dunkel.

„Negativ. Keine Reaktion vom Portal."

„Wieder ein erfolgreicher Test."

Die regelmäßig fehlschlagenden Versuche waren bei den Arbeitern inzwischen Quelle diverser Witze geworden. Keiner davon war gut.

Creston, der sah, wie enttäuscht Bodea blickte, kam zu ihr und legte den Arm um sie.

„Ist alles in Ordnung?“

„Ich werde es überstehen“, antwortete sie geknickt, „sie hatte ohnehin vor zu gehen. Bei ihr gab es keinen Job zu holen.“

„Bei ihr?“

„Ja, sie meinte, ich solle Dr. Brasson darauf ansprechen, aber“, sie machte ein paar Sekunden Pause, „aber sie bleibt wohl nicht hier.“

„Ich bin mir grade nicht sicher, ob ich dich bedauern soll.“

Creston hielt Bodea an den Schultern vor sich und blickte ihr in die Augen.

„Du hast doch weiterhin Chancen auf einen Assistenten-Job. Also was ist das Problem? Sprich Dr. Brasson an und sie was passiert.“

„Schon, aber“, sie zögerte erneut, „sie ist so nett. Und ich wäre gerne die Assistentin einer Frau geworden. Brasson ist so verbissen, was seine Arbeit angeht.“

„Du machst mir spaß.“

Er legte wieder den Arm um sie, als sich die Gruppe von Arbeitern und Wissenschaftlern gemeinsam zurück in den Arbeitsraum begab.

„Du kennst die Frau doch gar nicht. Du hast sie ein paar Mal kurz gesehen. Mit Brasson hast du, im Gegensatz dazu, bereits gearbeitet. Denkst du nicht, dass das von Vorteil sein könnte?“

Bodea blickte nachdenklich ins Leere.

„Außerdem wird er, wenn er deine Arbeit gut findet, sicher für die Hilfe einer begabten Assistentin dankbar sein. Zu wenig hat er ja ganz offenbar nicht zu tun.“

Es vergingen ein paar Minuten, nachdem sie ihre Arbeit wieder aufgenommen hatten, dann öffnete sich die Tür erneut. Die beiden Soldaten liefen, schnellen Schrittes, durch den Raum in Richtung des primären Zugangs.

„Major Richards", Dr. Ross schien nur mit Mühe Schritt zu halten, „Sie wissen ja nicht, was das für eine Bedeutung hat. Dieses Artefakt, diese Ausgrabung kann ich nicht einfach aufgeben."

Als sie sich dem Ausgang näherten, wandte sich der Major an Ross.

„Sie werden sich entscheiden müssen, Doktor. Sobald wir auf der Tethys fertig sind, erwarte ich, sie auf dem Frachter anzutreffen. Sollten sie nicht aufzufinden sein, komme ich sie persönlich holen. Doch dann werde ich selbst entscheiden, wie wir vorgehen werden. Ich glaube kaum, dass sie das wollen."

Damit machte er kehrt und verließ den Raum.

„Wo ist Dr. Haruna?"

Ross wandte sich, lauter als er wollte, an alle Anwesenden.

„Ist sie im Labor?"

„Ich glaube", meldete sich Bodea vorsichtig zu Wort, „ich denke, sie hat die Anlage bereits verlassen. Ich habe sie mit einer Tasche aufbrechen sehen."

Ross blickte ein paar Sekunden grimmig zu Boden.

„Arbeiten sie weiter."

Während er das sagte, verließ er wütend den Raum, ohne einen der Anwesenden noch einmal anzusehen.

„Was genau geht hier vor sich?"

Creston blickte die junge Hilfsarbeiterin neugierig an.

„Ich glaube, Dr. Ross wollte den Kontakt mit den beiden Soldaten vermeiden, aber Dr. Haruna hat sie mit sich von Blue Horizon hier her gebracht. Deshalb ist er sauer, denke ich. Jedoch weiß ich auch nicht mehr."

EIN NEUER JOB

Als sich der Arbeitstag dem Ende näherte, öffnete sich die Tür zu den Laboren erneut.

„Ella, kann ich sie kurz sprechen?"

Dr. Brasson stand in der Tür und winkte sie zu sich.

„Ich benötige ihre Hilfe", er sprach leise, als sie sich ihm genähert hatte, „ich weiß, dass sie eigentlich Feierabend hätten, aber", er machte eine kurze Pause, „könnten sie noch etwas Zeit erübrigen? Es ist keine schwere Aufgabe, ich benötige einfach noch ein zusätzliches Paar geschickte Hände in meinem Labor."

„Natürlich Doktor."

Ihr Herz schlug schneller und sie lächelte, während sie hinter Dr. Brasson den Raum verließ, noch einmal zu Richard Creston, der ihr ebenfalls ein breites Grinsen schenkte.

„Ich wollte ohnehin mit ihnen sprechen."

Die Aufgabe war tatsächlich nicht sehr anspruchsvoll. Dr. Brasson baute in seinem Labor eine Art von Transformator, offenbar nicht den Ersten, mit dem die Energie, die er für die Aktivierung des Portals verwendete, auf irgendeine Art umgewandelt werden sollte. Bodea verstand nicht ganz, wie das funktionieren sollte, aber für ihre Arbeit war das auch nicht nötig. Sie half dem Doktor, indem sie Einstellungen vornahm, sobald er es sagte, Werte ablas und bei verschiedenen Konstruktionsarbeiten ein zusätzliches Paar Hände bereitstellte.

„Dr. Haruna meinte, sie suchen evtl. eine Assistentin."

Dr. Brasson hielt einen Moment in seiner Arbeit inne, dann setzte er sie zögernd fort.

„Sie fand, ich solle sie darauf ansprechen", Bodea versuchte seinen Blick zu deuten, „sie sagte, sie hätten viel zu tun und könnten die Hilfe sicher brauchen."

„Das hat sie gesagt?"

Er setzte sich und legte die Hände in den Schoß, ohne sich von seinem Werkzeug zu trennen. Jetzt schien er Bodeas Gesicht genau zu beobachten.

„Wann hat sie das gesagt?"

„Vorhin, kurz bevor sie die Einrichtung verlassen hat. Ich habe in ihrem Labor mit ihr gesprochen, als sie ihre Tasche packte."

Was er in ihren Augen, oder in ihrem Gesicht sah, schien ihm zu gefallen, denn in seinen neugierigen, forschenden Ausdruck stahl sich ein Lächeln.

„Sie hat recht. Ich kann tatsächlich Hilfe brauchen und habe auch bereits bei Theten um Autorisierung für die Anwerbung einer Assistenzkraft gebeten. Heute Morgen habe ich die Genehmigung erhalten eine Assistenz meiner Wahl einfliegen zu lassen, oder, wenn möglich, aus den lokalen Ressourcen anzuwerben."

„Lokale Ressourcen?"

„Ja, das sind sie, Ella. Nehmen sie es nicht persönlich, Großkonzerne haben für keine ihrer Angestellten schmeichelhaftere Bezeichnungen."

Er verband noch ein paar verbleibende Leitungen, daraufhin schloss er das Gehäuse.

„Melden sie sich morgen bei Schichtbeginn hier in meinem Labor. Ich werde sie in ihre Aufgaben einweisen, und sie werden diesen lästigen Papierkram erledigen. Dann werden wir mal sehen, wie sie sich auf diesem Posten machen. Ich kläre bis dahin alles mit Dr. Ross."

„Ich, äh", Bodea war so überrumpelt, dass sie beim Hinsetzen den Stuhl verfehlte und auf dem Boden landete.

Erschrocken sprang Dr. Brasson auf und kam um den Tisch gehastet.

„Ist alles in Ordnung?"

Die junge Frau saß regungslos auf dem Boden und sah ihm ins Gesicht.

„Äh."

Sie konnte keinen klaren Gedanken fassen. War das grade wirklich, einfach so, passiert? Schon morgen sollte sie anfangen? Brasson reichte ihr die Hand, um ihr aufzuhelfen, als er breit zu grinsen begann.

„Ist mit ihnen alles in Ordnung?"

Sie schüttelte kurz den Kopf, um die Starre zu überwinden.

„Natürlich, morgen. Ich werde mich morgen bei ihnen melden."

Sie nahm die angebotene Hand und stand auf, strich ihre Kleidung glatt und wusste nicht so recht, was sie jetzt tun sollte. Brasson sah sie ein Paar Sekunden an, dann erlöste er sie aus ihrer Ratlosigkeit.

„Gute Nacht, Ella."

„Gute Nacht, Doktor. Und danke."

Damit drehte sie sich um und verließ das Labor. Sie hatte das Gefühl, vor Glück und Freude springen und schreien zu müssen, wollte sich jedoch nichts davon anmerken lassen. Nicht solange sie nicht die Tür ihrer Unterkunft hinter sich geschlossen hatte. Jeder, der schon einmal gesehen hat, wie ein kleines Kind versucht, Begeisterung und Aufregung zu verbergen, kann sich vorstellen, wie erfolglos ihr Versuch war.

Als sie die Tür der Baracken öffnete, wurde sie bereits von Richard Creston in Empfang genommen.

„Scheinbar wird morgen ein Sturm aufkommen."

Er deutete mit dem Daumen zurück über seine Schulter.

„Wir werden vermutlich den Vormittag damit verbringen, den Außenbereich zu sichern. Als hätte man das nicht früher feststellen können."

Er verstummte, als er sah, dass Bodea ein Grinsen unterdrücken musste, und dass sie ihren Kopf leicht von ihm wegdrehte, im Versuch das zu verbergen.

„Was ist passiert?"

Sie betraten soeben ihre Kabine, und Bodea schloss sofort die Tür hinter ihnen.

„Es tut mir leid", fing sie an, während das Grinsen ihr gesamtes Gesicht zu übernehmen schien, „aber du wirst dabei wohl auf mich verzichten müssen."

Jetzt lächelte auch Creston.

„Brasson?"

„Ja, er will, dass ich bereits morgen anfange und den Assistentenvertrag unterschreibe. Wie kann es sein, dass das auf einmal so schnell geht?"

Er legte ihr die Hand auf die Schulter.

„Ich freue mich für dich, Ella. Doch wirklich. Aber jetzt stehe ich vor dem geradezu gigantischen Problem, dass ich jemanden finden muss, der deine Arbeiten übernimmt."

Am nächsten Morgen fand sie sich pünktlich vor dem Labor ein, in dem Dr. Brasson bereits über diversen Unterlagen an seinem Schreibtisch zu brüten schien.

„Guten Morgen, Doktor."

Beim Betreten des Labors, fiel ihr als Erstes der neue Tisch auf, der auf der gegenüber liegenden Seite des Raumes stand. Irgendwie hatte sie erwartet, dass ihr Arbeitsplatz, wenn sie denn überhaupt einen eigenen bekäme, an der Tür stehen würde, damit jeder, beim Hereinkommen, zuerst bei ihr landen würde.

„Guten Morgen, Ella."

Brasson stand auf und deutete auf den neuen Tisch, als er auf sie zu kam.

„Das ist ihr Schreibtisch. Ich habe ihnen die Unterlagen bereits zurechtgelegt. Sie sollten sie gründlich durchlesen. Ihren Vertrag habe ich auch schon für sie vorbereitet. Sie schließen ihn jedoch nicht mit mir, sondern mit Theten Technologies. Ich habe also keinerlei Einfluss darauf, was sie hier verdienen. Offen gesagt, darf ich es nicht einmal wissen. Ich denke nicht, dass sie hiermit reich werden, aber es bietet immerhin gewisse Chancen."

Ella setzte sich an den Schreibtisch und atmete durch. Das waren eine Menge Unterlagen. Dafür würde sie sicher den gesamten Vormittag brauchen.

„Wenn sie hier fertig sind", Brasson legte ihr die Hand auf die Schulter, „dann gehen wir gemeinsam nach unten und führen den Test durch, für den wir gestern die Geräte vorbereitet haben."

„Gemeinsam?"

Ella war sichtlich verwirrt.

„Ich dachte ..."

„Was?", Brasson lächelte, „sie dachten doch hoffentlich nicht, ich bräuchte eine Assistentin zum Kaffee holen und um mir den Papierkram abzunehmen."

Sie blickte ihn an und wurde rot.

„Ella, ich sehe Potenzial in ihnen. Ich denke, wenn ich ihnen das nötige Wissen und die Erfahrung vermitteln kann, dann wird Theten ihr Studium an einer der Konzern-Akademien begrüßen. In diesem Fall können sie später sicher ihren eigenen, wertvollen Beitrag zur Forschung des Unternehmens leisten. Außerdem hilft mir eine vollwertige Mitarbeiterin mehr, als eine Schreibkraft und Bedienung."

Bodea sackte in ihren Stuhl zurück und blickte den Doktor fassungslos an.

„Allerdings", fuhr er einen Moment später fort, „werden sie damit Leben müssen, das Gehalt einer Assistenzkraft zu beziehen, obwohl sie wohl mehr und länger arbeiten werden. Kommen sie damit klar?"

Ihre Starre löste sich und sie begann langsam zu nicken.

„Natürlich, ja“, sie richtete sich im Stuhl wieder auf, „das ist kein Problem, Doktor.“

Dr. Brasson lächelte und nickte ebenfalls, wandte sich um und kehrte an seinen eigenen Schreibtisch zurück, während sich Ella Bodea einmal mehr ihren Unterlagen zuwendete.

Es dauerte kürzer als erwartet, alle Papiere durchzugehen, und so Begaben sich Brasson und Bodea bereits am frühen Vormittag in die Portalhalle. Bodea schob den Wandler 7.3, wie sein offizieller Name war, auf einem Wagen vor sich.

„Kommen sie mit mir zur Kontrollkonsole.“

Brasson schien ganz aufgeregt.

„Ich spüre, dass wir uns der Lösung des Problems nähern. Wenn wir Glück haben, ist jetzt alles korrekt. Ich denke, im schlimmsten Fall sind nur noch ein paar Einstellungen nötig. Aber eventuell auch nicht, wenn uns die Götter gnädig sind, ist bereits alles gut.“

Er machte einen kleinen Sprung, als sie die Konsole erreichten. Das war ein ganz anderer Dr. Brasson als der, den sie bisher kennengelernt hatte. Bis zum heutigen Tag dachte sie, er sei ein nüchterner, nahezu emotionsloser Workaholic. Jetzt sah sie ihn, begeistert wie ein Schuljunge, der ein neues Spielzeug ausprobieren darf.

„Kommen sie, Ella. Lassen sie uns den MK7 anschließen.“

„Was ist eigentlich das Problem?“, Ella deutete auf das Portal, „das ist doch nicht das erste Portal, das wir gefunden haben. Sollte nicht hinreichend bekannt sein, wie man ein weiteres in Betrieb nimmt?“

Sie begannen die Kabel und Leitungen mit dem neuen Gerät zu verbinden.

„Sehen sie, Ella, das ist nicht so trivial, wie es scheinen mag. Natürlich haben wir, seit die Portale auf der Erde damals entdeckt wurden, einige Weitere gefunden, aber jedes einzelne erfordert einiges an Forschungsarbeit und Experimenten. Es gibt keine einheitliche Konstruktion für die Portale. Jedes Einzelne wurde lediglich aus den Materialien gebaut, die auf dem jeweiligen Planetoiden zu finden sind. Das macht es auch so schwierig, diese Technologie zu entschlüsseln. Wir haben bisher keine zwei Portale entdeckt, die auf dieselbe Weise zu funktionieren scheinen, obwohl sie, von außen betrachtet, alle den identischen Zweck erfüllen. Immer zwei Portale bilden einen Übergang zwischen verschiedenen Standorten. Teilweise über unglaubliche Distanzen. Aber immer nur zwei. Sie können sich nur mit dem einen Zwillingsportal verbinden, für das sie geschaffen wurden."

„Aber warum sind sie verschieden? Wäre eine einheitliche Konstruktion nicht besser?"

„Das erscheint logisch. Wir versuchten, eines der irdischen Portale zu duplizieren. Nach allem, was wir wissen, war es identisch, doch ist es bis heute vollkommen funktionslos."

Er deutete auf das Portal.

„Jedes Einzelne dieser Dinger hat außerdem abweichende Energieanforderungen. Teilweise absolut unterschiedlich. Das ist eine dermaßen verwirrende Technologie, dass keinem, weder den Ralkekk, noch den Defratanern, noch uns Menschen, die Entschlüsselung gelungen ist. Mit vielen Versuchen und manchmal auch nur wilden Vermutungen gelingt es uns oft, aber bei weitem nicht immer, die Portale in Betrieb zu nehmen. Dazu kommt noch, dass sie scheinbar auf bestimmte Positionen fixiert sind. Versetzt man sie nur um ein paar Meter, stellen sie jegliche Funktion ein."

„Und wer hat sie entwickelt?"

„Die Ralkekk sagten uns, sie hätten Hinweise darauf, dass die Menthiken, eine inzwischen ausgestorbene Rasse, für die Entwicklung und Konstruktion verantwortlich waren. Ich wünschte, wir könnten mit einem von denen sprechen. Einem der Konstrukteure dieses Systems."

„Und wenn es uns gelingt, es zu aktivieren?"

„In dem Fall können wir nur hoffen, dass sein Gegenstück noch existiert und nicht durch irgendetwas zerstört wurde. Dann haben wir eine Chance zu erfahren, wohin die Verbindung führt und eventuell auch, wer hier einmal lebte, wer das alles hier errichtet hat."

Bodeas Blick wanderte durch die Halle und über den Platz. Sie betrachtete die gewölbte Höhle, die Gebäude darin. Dann drehte sie sich zum Portalring, der im Zentrum des Ganzen aufgestellt war. Ihr Blick blieb an den im Halbkreis stehenden MK4TS-Containern hängen.

„Ach ja, die MK4. Die sind dafür, falls wir eine unerwünschte Entdeckung machen sollten. Die Container enthalten die MK4-Sicherheitsdrohnen. Das neuste Modell, frisch aus Blue Horizon. Wie gesagt, wir wissen nicht, wohin die Verbindung führen könnte, daher haben wir hier für eine erste, starke Verteidigungslinie gesorgt."

Er lächelte und hob entschuldigend die Schultern.

„Man sollte bei sowas immer auf Nummer sicher gehen."

Es dauerte noch etwa eine Stunde, bis sie den Wandler sowohl an die Konsole, als auch an das Portal und die Stromversorgung angeschlossen hatten. Außerdem musste das System abschließend für die neue Hardware konfiguriert werden. Zwischen die Generatoren der Basis und den Wandler waren noch Puffer geschaltet, die erst geladen werden mussten.

„Bei jeder Aktivierung benötigt ein Portal, für etwa zwei Sekunden, das sechzehn bis achtzehnfache der Energie, die es im normalen Betrieb bezieht", Dr. Brasson erklärte jeden Schritt und jedes Detail ihrer gemeinsamen Arbeit, „dass bedeutet, dass der Aufbau der Verbindung klar der schwierigste Teil sein muss. Die Verbindung danach zu halten scheint vergleichsweise einfach zu sein."

„Und da kommen die Puffer-Batterien ins Spiel."

„Genau. Der Generator dieser Einrichtung kann zwar ein aktives Tor dauerhaft versorgen, ein Verbindungsaufbau jedoch, würde das System hoffnungslos überlasten."

Er ging an die Konsole.

„Lassen sie uns beginnen."

Mit diesen Worten startete er den Ladevorgang. Es war ein Gefühl, als würden Ameisen über ihre Haut kriechen. Als würden sich alle Härchen ihres Körpers aufstellen und unter Strom stehen.

„Gleich ist es so weit."

Brassons Stimme schien beinahe zu beben, während er konzentriert auf die Anzeige blickte und die Hand über dem Auslöser verharren ließ. Als er ihn schließlich drückte, hatte Ella das Gefühl, einen elektrischen Schlag zu erhalten, sonst geschah nichts, außer, dass alle Begeisterung schlagartig aus Brassons Blick entwich.

„Gehen sie ruhig in die Kantine und machen sie Mittagspause."

Der Wissenschaftler wirkte enttäuscht, öffnete jedoch bereits die Seitenverkleidung des Wandlers und begann, in dessen Eingeweiden zu wühlen.

„Ich habe eine Vermutung, woran dieser Fehlschlag gelegen haben kann, aber sicher bin ich mir nicht."

„Sind sie sicher, Doktor? Ich kann ihnen auch noch helfen, das Problem zu suchen."

„Ach, das wird sicher noch eine Weile dauern. Nach ihrer Pause wird es noch genug zu tun geben, da bin ich mir sicher."

DURCHBRUCH

„Heureka!“

Der Ruf von Dr. Brasson schallte aus allen Lautsprechern der Anlage, als Ella sich gerade zu den Hilfsarbeitern an den Kantinentisch gesetzt hatte. Ein kurzes Flackern, dann einige Sekunden nichts, bevor das Licht im gesamten Komplex erlosch. Ein gewaltiges Beben erschütterte den Raum und aus den Gängen über ihnen drang lautes Getöse. Irgendetwas war geschehen und es war nicht gut. Als sie die Tür in Richtung obere Ebenen öffneten, war der Korridor von rötlich-grauem Staub erfüllt und Steinbrocken blockierten Teile des Weges.

„Was ist passiert?“

Efrem Mantonelli lief zu einer der Konsolen in der hinteren Hälfte der Kantine.

„Das System ist tot, keine Reaktion.“

Ein weiteres Beben ließ den Raum erzittern und Staub rieselte von der Decke. Eine Arbeiterin, Katelynn Bain, kam, gemeinsam mit zwei männlichen Hilfsarbeitern, komplett staubbedeckt, zur Tür hereingestolpert und schloss sie hinter sich.

„Der gesamte Gang ist eingestürzt. Es gibt keinen freien Weg nach oben.“

Sie stützte sich auf einen ihrer Begleiter.

„Wir waren grade hierher unterwegs, als direkt hinter uns die Hölle losbrach. Mindestens fünf oder zehn Menschen wurden unter Felsen begraben."

Bodea setzte sich und dachte nach. Ein kurzer Blick durch den Raum zeigte, dass nur sechs Hilfsarbeiter hier in der Kantine waren. Hinzu kamen zwei Küchenhilfen und die Neuankömmlinge. Insgesamt elf Personen außer ihr selbst und niemand, an den man die Verantwortung abgeben konnte.

„Wenn wir nicht nach oben können, dann müssen wir eben nach unten."

„Nach unten?"

Bains schriller Ausruf ließ alle zusammen zucken.

„Weiter unten sind wir doch erst recht eingeschlossen. Wir müssen versuchen, nach oben durch zu kommen oder eine Nachricht nach oben zu schicken. Da muss doch was möglich sein."

„Das System ist tot, eine Nachricht kannst du damit vergessen, und nach oben können wir nicht, das hast du doch eben selbst gesagt."

„Dann räumen wir eben den Weg frei. Wir können doch nicht aufgeben und uns verkriechen. Wenn wir hier nicht raus kommen, dann sterben wir."

„Zuerst mal ist wenige Meter von uns die Decke eingestürzt. Weißt du, wie stabil die Gänge und Räume hier noch sind? Die Höhlen unter uns bestehen schon seit Jahrtausenden. Die werden nicht so schnell nachgeben. Außerdem befinden sich unter uns auch die Computersysteme und die Ausgrabungsstätte. Ich denke, mit den Geräten da unten kommen wir vermutlich besser durch den Stein und den Schutt, als mit allem was wir hier in der Kantine finden. Es sei denn, du willst dich lieber mit einem Löffel nach oben durchgraben."

Bain wollte etwas erwidern, hielt jedoch mit wütend erhobenem Finger inne und setzte sich dann, mit trotzigem Blick und verschränkten Armen, an einen der Tische.

„Außerdem wird es da unten sicher noch weitere Eingeschlossene geben. Eventuell kann uns sogar jemand verraten, was hier vor sich geht."

Als niemand widersprach, stand sie auf und ging zu einer der Türen, die sich in einen Korridor öffnete, der bergab in die Forschungseinrichtung führte. Auch hier lag Staub in der Luft, jedoch schien der Fels bisher standgehalten zu haben.

Eine Ebene tiefer befanden sie sich auf der zweiten Laborebene. Die erste war oberhalb der Kantine und damit direkt unterhalb der Zugangsebene. Weit außerhalb ihrer Reichweite. Auch hier waren einige Gänge eingebrochen und Labore zerstört worden. Bodea sah eine Hand aus den Trümmern ragen, jedoch ließ der gewaltige Felsbrocken keinen Gedanken an einen Überlebenden aufkommen.

„Ist hier jemand?"

Bodea lauschte einen Moment, doch blieb ihr Ruf unerwidert.

„Einige der Wissenschaftler waren in den oberen Arbeitsräumen. Sie wollten noch so viele ihrer Funde wie möglich vor dem Sturm nach Blue Horizon schaffen. Andere sind heute früh durch einen Gleiter von der Hauptanlage hier abgeholt worden."

Mantonelli legte Bodea die Hand auf die Schulter.

„So viele Menschen dürften hier gar nicht mehr sein."

Sie blickte ihn kurz an, dann wandte sie sich um.

„Lasst uns weiter gehen. Die Grabungsgeräte befinden sich unten, in einem Lager neben der Portalhalle."

„Soso", Bain sprach nun bewusst herablassend, „also kommen wir einfachen Hilfsarbeiter nun tatsächlich in den Genuss des Privilegs die unteren Heiligtümer betreten zu dürfen. Freunde, wir sollten uns über alle Maßen geehrt fühlen."

Auf zwei weiteren Ebenen war niemand zu finden, jedoch waren die Räume und Korridore ebenfalls an derselben Stelle wie auf den Ebenen darüber zerstört. Es schien fast, als hätte sich etwas mit gewaltiger Wucht und geradezu unglaublicher Kraft in den Boden gerammt und den Fels zerschnitten. Auf seinem Weg durch das

Gestein hatte, was auch immer es war, alles und jeden zerschmettert oder mit sich gerissen. Es war beängstigend.

Die letzten beiden Ebenen waren ausschließlich als Lagerräume angelegt worden und hier schien der Durchbruch endlich sein Ende zu finden. Ella näherte sich der aufgerissenen Felsendecke, deren Bruchstücke, wie eine umgekehrte Pyramide, nach unten deuteten, jedoch noch nicht zu Boden fielen.

„Was kann den so etwas verursachen?"

Sie tastete vorsichtig die Oberfläche des Risses ab.

„Das war ein Angriff", meldete sich Katelynn Bain wieder zu Wort, „der Soldat gestern hat doch von Zerstörung als einziger Option gesprochen. Was auch immer das heißen sollte, er hat es wohl wahr gemacht."

„Und wie?"

Bodea war sichtlich genervt.

„Hat er einen gewaltigen Felsen auf die Insel fallen lassen? Das war doch offenbar kein Waffenbeschuss."

„Ich sage ja nur", erwiderte Bain, „das Timing ist verblüffend, geradezu verdächtig."

Bevor Bodea reagieren konnte, hob einer der Küchenhelfer die Hand.

„Ich habe etwas gehört", er deutete den Korridor herunter, „da hinten."

In einem Lager, in einer Ecke, kauerte eine junge Wissenschaftlerin und weinte beinahe geräuschlos. Sie wiegte sich vor und zurück, wobei sie die leise quietschende Tür mit sich bewegte.

„Ist alles in Ordnung?"

Der kräftige Mann beugte sich zu der verängstigten Frau herab, die ihn nur mit großen Augen ansah, aber weiterhin schwieg.

„Kommen sie besser mit uns, wir suchen einen Weg hier raus."

Zunächst versuchte sie, sich zu wehren, merkte jedoch schnell, dass das, bei diesem Gegner, sinnlos war. So ergab sie sich in ihr Schicksal. Da er jedoch befürchtete, sie würde bei jeder Gelegenheit wieder zusammenbrechen, nahm er sie hoch, trug sie in den Korridor und begab sich zurück zu der Gruppe. Noch bevor er zehn Schritte gegangen war, war sie in seinen Armen eingeschlafen.

Von dieser Ebene führte ein langer, gewundener Schacht tiefer in den Fels. Dieser war keines der Werke von Theten, ihn hatten die Erbauer der Portalanlage selbst hier angelegt, da war sich Bodea sicher. Auf ihrem Weg kamen sie an diversen Kammern und Räumen, sowie an darin aufgestellten Laborcontainern vorbei, doch nirgends ließ sich ein Lebenszeichen entdecken.

Dann erreichten sie den Kontrollraum, von dem aus man einen Blick über die Portalhalle hatte. Die Geräte hier überwachten alles in diesem Bereich. Energie- und Strahlungswellen, außerdem auch jede Menge atmosphärischer Daten und Statistiken der Energieversorgung der gesamten Einrichtung. Hier war das Nervenzentrum. Wenn man einen Notruf absetzen konnte, dann mit Sicherheit aus diesem Raum. Die Systeme hier waren auch mit Brassons Konsole unten in der Halle selbst verbunden. Bodea blickte durch das Fenster. Dr. Brasson war tatsächlich noch an seinen Geräten zu Gange. Als hätte er nicht mitbekommen, was hier geschehen war.

„Wir sollten ihn holen“, sagte sie, während sie ihm geistesabwesend weiter zusah.

„Wen?“

Die anderen traten an die Scheibe.

„Wer ... ist das der verrückte Professor?“

DAS PORTAL

Ein tiefes Brummen ließ die Halle erzittern. Brasson spürte es mehr, als dass er es hören konnte. Unvermittelt, mit einem anschwellenden Summen, begannen die Runen auf dem Portalring zu schimmern. Er blickte zu den Generatoren, doch waren diese weiterhin außer Funktion. Der Energiestoß hatte sie überlastet und sie würden wohl noch für ein paar Stunden nicht einmal mehr eine Lampe zum Leuchten bringen.

Er hatte das Portal erfolgreich geöffnet. Drei Sekunden war eine stabile Verbindung zustande gekommen, bevor hier alles zusammengebrochen war. Diese Aktion hier ging jedoch nicht auf seine Kappe. Jemand aktivierte das Zwillingsportal am anderen Ende des Kanals. Scheinbar war sein Erfolg dort nicht unbemerkt geblieben.

Eine weitere Rune leuchtete auf. Abwesend tastete er nach der Kommunikationstafel, um Dr. Ross von den Vorgängen zu berichten. Nichts. Natürlich war bei dem Energiestoß auch die interne Kommunikation ausgefallen.

Mit einem lauten Zischen, begleitet von einem hellen Lichtblitz, erwachte das Portal zum Leben. Eine Druckwelle, die mit der Bildung des Portalfeldes einherging, ließ alle Scheiben des Kontrollraumes zerbersten und warf die Anwesenden zu Boden.

Eine rund zweieinhalb Meter große Gestalt trat aus dem neblig wabernden, rot-orangenen Energiefeld, dass den Ring nun vollständig ausfüllte. In ihrer rechten Hand hielt sie eine Art von Lanze, die sie, während sie sich umsah, wie einen Wanderstab auf den Boden stützte. Sie war offenbar in einen Umhang gekleidet, der sie bis beinahe zu den Füßen herab, verhüllte.

Dr. Brasson, der einige Meter von der Gestalt entfernt von den Beinen gerissen worden war, wich panisch, auf allen vieren, rückwärts vor ihr zurück. Als das Wesen die Hand nach ihm ausstreckte, eine Geste die mehr der Versuch einer Beruhigung, denn ein Angriff zu sein schien, rutschte das, was sie für einen Mantel gehalten hatten, zurück.

„Eine Zentizza!"

Die spontane Äußerung ließ die Gruppe zusammenzucken. Richard Creston, war unbemerkt hinter sie getreten.

„Eine Freundin erzählte mir ..."

Bevor er den Satz beenden konnte, hatte Dr. Brasson den Panik-Knopf erreicht und ein schrilles Alarmsignal erfüllte den Raum. Die Container, rund um den Platz, öffneten sich, die MK4 Sicherheitsdrohnen traten heraus und legten sofort auf die Gestalt an. Scheinbar erschrocken zog diese ihre Hand zurück und hob die Lanze. Vor staunen erstarrt sah die Gruppe, wie das Wesen, dem Aussehen nach eine Frau, große Flügel ausbreitete und mit einem kräftigen Schlag nach hinten, über das Portal, zurückzuweichen versuchte. Sie hatte den Boden kaum verlassen, als die Drohnen das Feuer eröffneten. Bereits der erste Schuss traf sie an der Schulter und ließ sie trudeln, der zweite traf sie in den Hals. Es dauerte nur Sekunden bis sie, keine zwei Meter vor dem Portal, zu Boden fiel, wo sie, sich vor Schmerzen windend, liegen blieb.

„Wir müssen da runter."

Ohne auf eine Reaktion seiner Kollegen zu warten, rannte Mantonelli durch die Tür des Kontrollraumes und den langen, schräg abfallenden Gang zur Portalhalle herab.

Brasson hielt den Panik-Knopf noch immer gedrückt, als Bodea ihm die Hand auf die Schulter legte.

„Dr. Brasson?“

Er war wie erstarrt, löste jedoch langsam den Blick von der Frau, die inzwischen von den Drohnen umringt war.

„Haben“, Brasson rang nach Luft, „haben sie das gesehen?“

Er deutete auf die Frau.

„Das, das ist ein Dämon, ein Dämon sag ich ihnen.“

Er drückte seine Fäuste gegen seine Schläfen und kauerte sich auf dem Boden zusammen.

„Das kann nicht wahr sein, das darf nicht wahr sein.“

Bodea wandte sich um und näherte sich langsam der Verletzten. Die Drohnen machten ihr zwar Platz, hielten ihre Waffen jedoch weiterhin im Anschlag auf ihr Ziel. Sie schien leise, unter Schmerzen, zu reden.

„Können sie mich verstehen?“

Sie blieb etwa einen Meter von der Frau entfernt stehen und ging vorsichtig in die Knie.

„Verstehen sie was ich sage?“

Über ihren Arm hinweg, mit dem sie ihren Kopf zu schützen schien, sah die Frau sie mit einem offenbar teilweise verängstigten, teilweise wütenden Blick an. Unter ihr breitete sich eine Blutlache aus.

„Wir können sie versorgen.“

Als Bodea nach ihrem Arm griff, versuchte die Frau sie mit ihren Krallen zu kratzen, allerdings war sie so schwach, dass man das niemals als ernsthaften Angriff hätte werten können. Den Drohnen jedoch reichte es aus. Zwei von ihnen reagierten so schnell, dass Bodea erst realisierte, was geschah, als die beiden Projektile in den Rücken und die Schläfe der Frau eindrangen.

„Was?“

Sie blickte die Drohnen wütend an.

„Was sollte das? Die Frau hätte nicht sterben müssen! Sie hat doch gar nichts getan!“

Sie wandte den Blick zu den anderen, dann gezielt zu Dr. Brasson.

„Sie hat doch keinem was getan! Sie kam nur durch das Portal und hat sich umgesehen! Dafür wurde sie erschossen?“

Alle blickten bedrückt.

„Und das Portal ist weiterhin geöffnet!“

Sie wandte sich wieder zur Drohne.

„Was machen wir als Nächstes? Schießen wir zur Sicherheit ein paar Mal durch das Portal? Es könnte ja noch andere neugierige Wesen geben!“

Sie ging zurück zu Dr. Brasson.

„Sie hat doch nichts getan.“

Einen Moment lang stand Ella ratlos da und sah die Leiche an. Sie wirkte nicht bösartig oder gefährlich. Außer der Lanze war da nichts ...

Sie wandte sich an Creston.

„Du sagtest, sie sei eine Zentizza? Wer sind die.“

Creston, der sich hinter der Kontrollkonsole in Sicherheit gebracht hatte, antwortete, ohne Bodea anzusehen.

„Ich weiß auch nur das, was mir eine Freundin erzählt hat. Scheinbar sind die Zentizza Verbündete der Teldaner. Offenbar sollen sie sehr geduldige und extrem geschickte Krieger, aber auch talentierte Wissenschaftler sein. Diese Freundin hat aber auch noch nie eine Zentizza gesehen. Sie arbeitete nur eine ganze Weile mit einem defratanischen Wissenschaftler, der dieses Volk wohl als sehr beeindruckend empfand.“

Ein blinkendes Licht, nahe an dem Gesicht der Frau erweckte Bodeas Aufmerksamkeit.

„Oh.“

Unter Schmerzen hatte die Frau gesprochen, ja, aber nicht mit ihnen, dazu war es zu leise. Sie sprach offenbar jedoch auch nicht mit sich selbst. War das eine Art von Sender? Ein Funkgerät eventuell?

In diesem Moment rollte ein kleiner Gegenstand durch das weiterhin geöffnete Portal und blieb etwa einen halben Meter vor dem Portalfeld liegen. Ein kurzes aufblinken, dann schien ein Scannerstrahl den Raum abzutasten und ein kuppelförmiges Kraftfeld, dass sowohl den Portalring, als auch die Leiche einschloss, baute sich auf. Eine der Drohnen wurde davon zur Seite geworfen, worauf die Anderen wieder das Feuer eröffneten. Ohne Wirkung.

Zwei weitere Gestalten, ähnlich der Ersten, traten durch das Portal. Diese Frauen jedoch, trugen eine Art von leichter Rüstung mit Armschienen, die mit leuchtenden Elementen versehen waren. Eine ihrer Hände steckte in einer Art von Waffe, die diese, und den Unterarm, vollständig umschloss. Sie sahen sich kurz und aufmerksam um, dann nahmen sie auf beiden Seiten des Portals Aufstellung und warteten scheinbar.

Ein weiterer Scannerstrahl von dem Objekt, anschließend brach das Kraftfeld zusammen und die Drohnen legten auf die Neuankömmlinge an. Die Frauen hoben, nahezu perfekt synchron, einen ihrer Arme und hielten ihn waagerecht vor ihren Körper. Als die MK4 das Feuer erneut eröffneten, trafen die Projektile auf Kraftfelder, die die Frauen, wie vor einigen Jahrhunderten die Ritter auf der Erde, wie einen Schild vor sich hielten. In einer kurzen Feuerpause schwangen sie ihren anderen Arm herum, legten mit ihren Waffen an und feuerten. Schon ein einziger Treffer durchschlug den zentralen Brustpanzer der Sicherheitsdrohne, die Bodea am nächsten Stand. Durch das faustgroße Loch, dass nun in ihrem Körper prangte, konnte Bodea sehen, wie die Frau bereits auf eine weitere Drohne anlegte.

Wenige Momente später waren alle Drohnen außer Funktion oder zerstört. Die Frauen nahmen, ohne sich auch nur eine Emotion anmerken zu lassen, ihre Position zu beiden Seiten des Portals wieder ein.

Wenige Sekunden später trat eine gewaltige, massive Gestalt durch das Runenportal. Er war noch einmal etwa dreißig bis vierzig Zentimeter größer als die beiden zuvor. Er sah ebenfalls aus, als sei er in einen Umhang gehüllt, und warf lediglich einen flüchtigen Blick in die Runde, bevor sich seine Augen auf die Leiche richteten und dort für einige Sekunden verharrten. Dann setzte er sich wieder in Bewegung.

Langsam schritt der Koloss zu ihr und stand einen Moment reglos neben der Frau. Schließlich kniete er nieder. Zärtlich berührte er ihre Wange, schien etwas zu sagen, doch konnte Bodea es nicht hören. Selbst wenn, dann hätte sie ihn wohl nicht verstanden. Als er wieder aufstand, konnte sie deutliche Wut in seinem Gesicht erkennen.

Er breitete seine gewaltigen Flügel aus, und Ella sah die Streitaxt, die, in ein sich nun aufbauendes, orange-rotes Plasmafeld gehüllt, in Flammen zu stehen schien. Sie hatte noch nie etwas so Furchterregendes gesehen.

Ein Schrei, wie ihn nur die Monster aus den schlimmsten aller Albträume in Trauer und Wut ausstoßen konnten, ließ den Boden unter ihr erzittern und hallte, mit unglaublicher Wucht, von den Felsen wieder. In dem Moment, in dem sie dieses Geräusch hörte, war ihr eins vollkommen klar: Sie hatten das Tor zur Hölle geöffnet ...

ÜBER DEN AUTOR

"Schreiben heißt neue Welten zu erschaffen, sie zu erleben und ihre Schönheit, ihre Wesen und ihre Schrecken der Welt zu offenbaren."

Der 1985 geborene Benetton Blake arbeitete als Informatiker in verschiedensten Bereichen der Industrie. Sei es an Computer- und Videospielen, AR- und VR-Anwendungen, Voice-Communication sowie Musik-Applikationen, Anlagen-Steuersystemen, Schnittstellenprogrammierung oder im Sicherheitstechnischen Bereich.

Seit seiner Jugend ist er Science-Fiction- und Fantasy-Fan, sowie leidenschaftlicher Erschaffer von Welten und Schreiber der in ihnen stattfindenden Geschichten. Diese Leidenschaft begann er jedoch erst 2021 mit der Welt zu teilen.

"Du kontrollierst nicht die Welten, die du erschaffst. Du bereitest die Bühne, du lieferst die Akteure, doch bei der Handlung bist du nur Zuschauer."

Benetton Blake

Savaged Breed - Geschichten 02

https://www.savagedbreed.com